मै भी सोचूँ तू भी सोच

चंद्रेश ठाकर

उन सारे दिलों को ,जो जवान है और जिन का दिल जिंदगी के हर अनुभव को सून ने तैयार है और जिन का दिल किसी और इंसान के दिल को महसूस कर ने में सक्षम है | और हाँ, जिन से ग़ज़ल या कविता बात कर सकती है |

रख लो

आटे और शक्कर के साथ दिल भी लाया हूँ,
बाज़ार से मिला फ्री गिफ्ट समझ कर रख लो।

ये क्या मुसीबत है कि रोज़ रोज़ कहते रहता हूँ,
कभी तो मेरे प्यार को सच्चा समझ के रख लो।

मेरी ग़ुरबत मुझे हर बार नौकरी तक ले आई,
कुछ तनखा दे कर तुम भी इस ग़ुलाम को रख लो।

ये सिगरेट और शराब छोड़ना हमे बखूबी अता है,
तुम भी इस जूठे वादों को सच्चा समझ के रख लो।

मेरे माज़ी में झाँक झाँक कर ये क्या किया है जमाने ने,
लो लिख दी ग़ज़ल, अब उसे बाज़ार में रख लो।

ये फ़ेरिस्ते रखते है सब की डोर अपने हाथ में कसकर,
और कहते है देता हूँ ज़िंदगी तुम बेझिझक रख लो।

खेल

क्यों शराब को आँखो के साथ तौल रहे हो,
अगर डूबना ही है तो झूठ क्यों बोल रहे हो।

लग जाएगी नज़र दुनिया की ये याद रखना,
क्यों हमारे इश्क़ के राज़ महेफ़िल में खोल रहे हो।

ये मुझे नसीहत देना छोड़ दो दुनियावालों, रास्ता नापो,
तिजारत के नाम पर क्यों मेरे दिमाग़ को पेल रहे हो।

मुफ़लिस शायर खानाबदोश, मेरी कैफ़ियत पे ना ताने कसो,
तुम तुम्हारे पैसों का घमंड दिमाग़ में झेल रहे हो।

कब्र में पड़ा मैं कुछ भी सोच नहीं रहा होऊँगा,
ख़ुदा कहेगा कि तुम ये कौन सा खेल खेल रहे हो।

खोलो

रंगो की तरह फैलो,
थोड़ा होली है बोलो ।

ऐ हुस्न वालो देखो,
कुछ हम से भी खेलों ।

गम में बहोत हिले,
अब भांग पीके डोलो ।

दो दस्तक मंज़िल मिलेगी,
अब नये दरवाज़े खोलो ।

लाल पीले या नीले,
सब रंग में नहालो ।

तमाशा

आग ही लगा देता दुनिया को मैं क़सम से,
मगर नहीं कर पाया, की उस का भी घर है क़सम से |

साला क्या तमाशा है कि सब मुझ को बुरा कहते है,
और सब चाहते है मेरी तरह होना , कसम से |

इतना चाहा है उसको की चाहत ख़त्म हो गई,
लेकिन मुड़ के उसने नहीं देखा अब तक, क़सम से |

बारिश बन कर जुल्फों से उसकी टपक जाते थे हम,
बूँद बूँद में बने रहते थे हम सैलाब क़सम से |

दो फूलो को करीब देख कर वो ज़रूर शरमाई थी,
और उसने मेरा हाथ थोड़ा दबाया था क़सम से |

बग़ैर

अगर टिक जाओ मेरे प्यार के बग़ैर,
क्या करोगे जी कर मेरे प्यार के बग़ैर |

सुनी सुनी सी राहे कब तक चलोगे,
मज़ा क्या रहेगा वहाँ मेरे प्यार के बग़ैर |

मस्जिद और मंदिर की हस्ती हम से है,
ख़ुदा भी क्या चीज़ है अपने बन्दों के बग़ैर |

ज़ख़्म इतने खिलाए है ज़िंदगी ने हर बार,
अब चल रहा हूँ आराम से दवा के बग़ैर |

महेफ़िल में रौनक़ है हम ही से हमेशा,
क्या चलाओगे उसे मेरी ग़ज़ल के बग़ैर |

साक़ी अब तक सिर्फ़ डींगें मार रहा था,
और हम जी रहे है कबसे शराब के बग़ैर |

समाचार

अख़बार में चुनाव के समाचार बड़े बड़े है ,
नागरिक देश के उमीद लगाए खड़े है |

उलझा रखा है कुछ नेताओं ने जनता को,
सफ़ेद कुर्तों में उनके ग़रीबों के सपने गड़े है |

अन्याय के सामने लड़ने का कहाँ समय है,
पैरों में सबके नौकरी के साँप पड़े है |

खोले बैठा है हर बाबू मेज़ के ड्रॉअर रोज़,
भगत सिंह सोचता हम किसके लिए लड़े है |

इश्तहार से भी सस्ती हुई पड़ी है ज़िंदगी,
देखो इनके नीचे ही कितने मुर्दे गड़े है |

दोस्त

मैं उसका दोस्त हूँ ये मानने दोस्त तैयार ही नहीं,
मुझे कुछ नहीं चाहिए, ये मानने दोस्त तैयार ही नहीं।

एक बार तो मेरे दर पर माथा टीका के देख ही ले,
मैं बन सकता हूँ तेरा ये बात दोस्त मानने तैयार ही नहीं।

ले दे के मांडवली करने की इतनी आदत पद गई है सब को,
कोई लग सकता है प्यारा, ये दोस्त मानने तैयार ही नहीं।

उपनिषद् चिल्ला के थक गए दोड़ो वैराग्य की और,
दौलत की चमक के आगे दोस्त मानने तैयार ही नहीं।

उस की आँखे या मैकदा दोनों में डूबना मुनासिब नहीं,
बनाएगी निकम्मा वो दोस्त मानने तैयार ही नहीं।

मर्ज़ी

ये दुरिया तूने बना रखी है अपनी मर्ज़ी से ,
मैं पास नहीं अता, ये इल्ज़ाम भी दिया अपनी मर्ज़ी से ,

मेरी शामत आ गई है क्या, जो तुझ से मैं लढू,
कौन बनाता है रात काली अपनी मर्ज़ी से |

ये चरित्रहीन का धब्बा जो मुझपे लग गया है,
दोष है हसीना ओं का, मैं कही नहीं गया अपनी मर्ज़ी से |

चाहा तो तूने ही है कि अब हिसाब तू मुझ से करेगी,
लेकिन अब तू भी कहा सो रही है अपनी मर्ज़ी से |

हाथों में हाथ देकर छुड़ाना ये ग़लत बात है फिर भी,
बताओ क्यों करती हो तुम ये बेवक़ूफ़ी अपनी मर्ज़ी से |

भ्रष्टाचार

क्वॉर्टर दो चार ब्रांडी के मार चुका है,
हर शक्स ज़िंदगी से हार चुका है |

ख़ुद के लिए नहीं निकाला वक़्त अब तक,
पूरी ज़िंदगी दूसरों पर वार चुका है |

गर्व था कि पैदा हुआ इस भारतवर्ष में,
भ्रष्टाचार से अब मार खा चुका है |

इजाज़त मिले तो टैंक पर सर रख के सो ले,
जवान सरहद पर लड़ते लड़ते थक चुका है |

एक जोड़े तो दस टूटे ये हाल है अब तो,
चद्दर में रफ़ू से हर कोना भर चुका है |

जलन

जब जब ज़िंदगी के आफ़ताब ने जलाया है मुझे,
सितारों ने मीठी नींद तब तब सुलाया है मुझे।

ये चाँद जब बरगत के पेड़ से झाँकता है रोज़,
तब तब किस की यादों ने रुलाया है मुझे।

धरती से उपज लेकर भी किसान भूखा क्यों है ?
भ्रष्ठाचार से भरी हुई कई जेबो ने बताया है मुझे।

बच्चे ने उछाला एक पत्थर आसमान की ओर,
उस के हौसले ने रफ़्तार बनाया है मुझे।

फिर भी इस कायनात का मुझ पर अहेसान तो है,
हर हाल में जीने का हुनर जिसने सुखाया है मुझे।

ये बारिश के साथ साथ हवा का झोंका भी है,
उस के आँचल के साथ साथ जिसने उड़ाया है मुझे।

भाग रहे है

कब्र की और भाग रहे है,
ना पता क्या खो रहे है |

छीन रहे है प्यार ज़िंदगी से,
पैसे के पीछे दौड़ रहे है |

फूलों से पता ख़ुश्बू का ना पूछा,
तोड़ने का ज़रिया खोज रहे है |

ना दोस्ती राज आती है सब को,
बनावट के पीछे दौड़ रहे है |

अंदर कुछ और , बाहर कुछ और ,
कितने नक़ाब हम ओढ़ रहे है |

लम्हे जुनूँ के अब हासिल कहाँ ,
चादर लिए जो सो रहे है |

ख़ुद्दारी

भरोसा खुद की ख़ुद्दारी पे रखने का,
रोज़ दुआ में खुदा को वापरने का नहीं।

इश्क़ बन जाएगा एक दिन ख़ुदगर्ज़,
ख़िलाफ़ माँ बाप के उसको वापरने का नहीं।

पत्थर आएँगे ज़रूर मंझिलो के रस्तों में,
मगर अपने इरादों से हिलने का नहीं।

ये रोज़ रोज़ कौन महोब्बत का सबूत दे,
ज़्यादा किसी के नख़रे को झेलने का नहीं।

माँगो जो माँगने का है, शायद ना भी मिले,
उपर वाले की मर्ज़ी के बीच कभी आने का नहीं।

कहाँ जाए

हाल ए दिल हम सुनाते लेकिन नहीं कर पाए,
उनका जाना बीच मुलाक़ात के नहीं रोक पाए।

हक़ीक़त की क्या बात कर रहे हो तुम मेरे दोस्त,
तसव्वुर में भी कहाँ हम उन से कभी मिल पाए।

दर्द को लेकर कहाँ कहाँ हम नहीं घूमे इस जहां में,
कोई हकीम नहीं था जो इलाज-ए-मोहब्बत ढूँढ
पाए।

वो ख़ूबसूरत है इसका मतलब ये तो नहीं है ,
हम ज़मीर छोड़ कर उनके आगे पीछे घूम पाए।

उस गली में अब मेरा जाना मुमकिन नहीं लग रहा,
अब और किसी गली में जाए भी तो कहा जाए।

अलग जिंदगी

मुझ में तुझ में जलते रहती ये ज़िंदगी ,
हाएँ कैसे काटे हम तुम ये ज़िंदगी ,
विस्की और रम भी पी के देख ली मैंने,
अरे फिर भी नहीं छूटती है ये ज़िंदगी,
अरे रोटी को भी मैं देखु इस चाँदमे,
फिर भी नहीं भूख मिटाती है ज़िंदगी,
बच्चा रोए माँ भी रोए बाप भी रोए,
कितने आँसू पी रही है ये ज़िंदगी,
अरे अल्लाह मागे नेता मागे मालिक माँगे,
किस को किस को देता फिरु ये ज़िंदगी,
उसकी मेरी इस की या फिर हो किस की,
अरे हारे है सब जीती है बस ये ज़िंदगी,
जन्म से लेकर कबर तक सब भाग रहे है,
सब ने चाहा नहीं मिली किस को ये ज़िंदगी,
सब ने चाहा नहीं मिली किस को ये ज़िंदगी।

लिज्जत

हम जो करते है उस में लिज्जत लेते है,
गझल हो या नज़्म, सबक बाट देते है |

मेरे दर से कोई प्यासा गया ही नहीं,
शराब और मुसल्ला हम हुजरे में रखते है |

खानाबदोशी जान लेकर जाये तो जाये,
फकीर कहां कब एक जगह सांस लेते है |

हकिमो की पकड में नब्ज मेरी आती नहीं,
और शेखी ये की दिल का इलाज रखते है |

ऊस से मिलना कई युगो से मुमकीन न था,
चलो थोडा और इंतज़ार कर लेते है

स्वयं

क्यों ना मैं अपने जीवन की व्यवस्था स्वयं कर लू ,
अगर आप आ जाओ समक्ष, आप को आलिंगन कर लू
।

सम्पूर्ण ब्रह्मांड के स्थावर और जंगम इस स्थल आ गए,
समस्त यह आतुरता में है की आप के दर्शन प्रथम कर
लू।

प्रेम का विश्लेषण अब संभव नहीं है अपितू हम क्या
करे,
प्रस्थान कर गए वो शीघ्रता से अब समस्या कैसे सामने
धर लू।

कुरुक्षेत्र में पार्थ के लिए और स्मशान घूमे शक्ति के
लिए,
कहाँ है ईश्वर के समक्ष समय की मैं अपनी प्रार्थना कर
लू।

साथ कब छोड़ा जाए यह अधिकार सिर्फ़ स्त्री उपयोग
में लाती है,
पुरुष यही सोचता है , उसे रोकने में स्वयं को कैसे
सक्षम कर लू।

आधार

पीड़ा है , यह जान कर प्रेम का अस्वीकार याने मृत्यु का स्वीकार है ,
करता हूँ प्रेम बिन विचार किए तुम्हें ,क्या तुम्हें मेरा प्रेम स्वीकार है?

हर पुष्प से छलकती हुई सुगंध में एक ही बात व्याप्त है,
कितने रूप में तुम खिलती हो जीवन में, यह एक अविष्कार है ।

अविरत होते स्पंदन है हृदय में तुम्हारी मेरे स्पर्श होने मात्र से ,
यही एक मात्र जीवन होने का सार है और प्रकृति का आभार है ।

लेन देन और व्यवहार आ जाएगा मध्य में अवश्य इस दुनिया में ,
तब सोच लेना की हमारे समक्ष यह सारी वस्तु निराधार है ।

आध्यात्मिकता और ईश्वर परिधारणा सारे धरे के धरे है
सिर्फ़ प्रेम होना ही जीवन का सदियों से एकमात्र आधार है ।

मुश्किल बात

नज़र के तीर उस का नशा ये सब आम बात है,
मेरे लिए तेरी आँखों का बोलना ख़ास बात है ।

मुझसे पीछा छुड़ाना शायद मुश्किल है तेरे लिए,
मगर मैं क्या करूँ ये साली आशिक़ की जात है ।

ग़ुलाम बनके रहू तेरा यही मेरी तमन्ना है मेरे दोस्त,
इसलिए ना जाने कितनी मंझिलो को मारी मैंने लात
है ।

शायर हूँ , तुम ना सुनो तो ये तुम्हारा नुक़सान है,
कई मीर ग़ालिबो से ज्यादा मेरे शेरों की औक़ात है ।

निकले हो मिलने मुझ से तो जरा जल्दी आ जाओ
ना,
दे रहा हूँ प्यार तुम्हें , ना ये कोई बट रही ख़ैरात है ।

इशारा

तकरार ने कम उस की खामोशी ने ज़्यादा मारा है,
कैसे बताए हमारा सहेना क्यो की प्यार ढेर सारा है ।

ये बेरुखी कब से तेरे चेहरे पर छाई हुई है क़सम से,
एक हद से आगे इस का होना अब ना मुझे गवारा है
।

नौकरी और बस की तरह कहीं मैं ना ये सोचू ,
एक का जाना दूसरे के आने का ख़ुफ़िया इशारा है ।

तुम समझे ही नहीं बात , यह डायलॉग अब पुराना
हुआ,
रूठना है तो रूठो, यह कैसा बावकूफ़ी भरा इशारा
है ।

अब तो तू कुछ नया दर्द ले ही आना मेरे लिए
जानेमन,
तेरे सारे पुराने दर्दों का इलाज मेरे पास ढेर सारा है ।

उखाड़ ले

तेरी जिद को ठुकराया, जो उखाड़ना है उखाड़ ले ,
अपन झासे में नहीं आएगा, जो उखाड़ना है उखाड़ ले ,

तेरे प्यार में बहुत ही दे रहा था मैं ये जिंदगी लेकिन,
अब अपन से ये चोचले नहीं होगे , जो उखाड़ना है उखाड़
ले ,

दोस्त तू मेरे साथ दुश्मनी जैसा सुलूक कर रहा है समझ
लिया,
अपने को भी घंटा फ़र्क़ पड़ता है, जो उखाड़ना है उखाड़
ले ,

इतना देने पर भी तेरी डिमांड है की ख़त्म ही नहीं होती,
अब नहीं झुकेगा अपन क़सम से, जो उखाड़ना है उखाड़
ले ,

ये कैसा मालिक है जिसको मेरे काम से कभी संतोष नहीं
,
आज लेले ये इस्तीफ़ा अपन का,जो उखाड़ना है उखाड़ ले

तेरी इबादत की इतनी लेकिन तेरे पास टाइम ही नहीं है,
अब अपन अपनी जिद पे जिएगा तेरे को जो उखड़ना है
उखाड़ ले

अपना ग्लास खाली

ये सागर जो खाली पड़ा है,
समझो की मेरा बचपन खड़ा है।

तेरे पास है कितनी शिकायते,
यहाँ देखो मुजरिम खड़ा है।

जिंदगी कोई कब्र तक नहीं,
जिंदादिली का काम पड़ा है।

तू खुदा तो क्या हुआ क़सम से,
क्या तू इंसान के दर्द से बड़ा है।

तेरी गली को मत समझ मंज़िल,
इस में कुछ खास नहीं जड़ा है।

दुश्मन तू ख़ामख़ा इतरा रहा है,
तलवार लेके अपन यही खड़ा है।

मत लिख

तूने जो किसी के लिए किया है मत लिख,
अच्छे करम आम मत बना उनको मत लिख।

वो आने का वादा कर के कभी आ ना सके,
तूने किया जो इंतज़ार उसको तू मत लिख।

सुने ऐसा कोई इस शहर अब बचा ही कहा है,
गुजरा तू जिन ज़ख्मों से उन को तू मत लिख।

चढ़ गए पत्थर पर उनकी वो क़िस्मत थी,
क्या गुजरी है फूलो पर उस को तू मत लिख।

पाँच सालो में वादा कर के वो चले गए अब,
हर एक झोपड़े की क़िस्मत पर तू मत लिख।

जेब तो बना दी दर्ज़ी ने क़मीज़ के बाई और,
आदमी के दिल पर क्या गुजरी तू मत लिख।

टाइम तो लगेगा

जल्दी क्यो कर रहा है बे, थोड़ा टाइम तो लगेगा,
महफ़िल में है दोस्तों के साथ, सुन, थोड़ा टाइम तो लगेगा |

ऐ मौत तू आई है लेकिन अपन क्या करेगा इधर,
उस की आदत है देर से आने की, रुक , थोड़ा टाइम तो लगेगा |

अभी इतने जख्म मिले है लोगो से की कैसे कैसे गिनाऊ मैं,
थोड़ा बिजी हूँ मरहम पट्टी में , अबे रुक, थोड़ा टाइम तो लगेगा |

पहेली वाली गई अभी तू दूसरी आई है अपन की जिंदगी में,
है नए नए नखरे , रुक थोड़ा, समझने में टाइम तो लगेगा |

सोया है तू जिस बिस्तर पे उसके नीचे का लकड़ा हूँ मैं,
तू अनजान , तुझे पेड़ की कहानी समझने थोड़ा टाइम तो लगेगा |

ऊपर बैठा वो खुदा नाप तौल करके झोली भरता है ,
इंसान का दर्द क्या है समझने उसको थोड़ा टाइम तो लगेगा |

मम्मी पापा को लगता है की इतने कम नंबर क्यो आए,
इस भयंकर एजुकेशन को समझने उन को थोड़ा टाइम तो लगेगा |

सारी रहमदिली ले गई है ये औरत जात हम से यहाँ ,
मर्द का दर्द दिखने इस समाज को थोड़ा टाइम तो लगेगा |

दोस्त बोल रहे है ख़ाली पीली अरे मेरे को क्यो नहीं बोला,
उन का सारा ये खोखला पन समझने में थोड़ा टाइम तो लगेगा |

उपेक्षित

देवो के लिए बहुत माहात्म्य और काव्य उपलब्ध है लेकीन देवी जो इस विश्व की माता है, हमेशा से उपेक्षित रही है | किशन की गीता सब बोलते रहते है लेकिन त्याग तो देवी का ही है जिसको कौन उजागर करेगा?
यह प्रयत्न है काव्य के माध्यम से देवी तत्व को अपने भीतर स्थापित करने का |

ये किशन मुरारी कान्हा वान्हा क्या तुम रोज़ रटते हो,
क्या तुम ललिता की सुंदरता को कभी देखते हो ?

वो झोकती है आप को अग्नि में अपने प्रेमी के सम्मान के लिए,
क्या कभी सुना है किसी देव को जो आग में कभी लपटे हो |

वो माँ है जो कभी किसी बालक में भेद नहीं करती हो,
बताओ कोई देव जो दुर्योधन और अर्जुन में भेद ना करता हो |

त्रिपुर सुंदरी जो होती है व्याप्त सभी गोचर अगोचर में,
वो देव ही है जो जाँच ते रहता मानव तुम आख़िर कैसे हो |

पराशक्ति है वो पर उसने ना कभी शक्ति दिखलाई है,
देव ही लेता है परीक्षा क्यो की आप की जय जय हो |

मैं दिन फिर भी वो मेरी तुम भक्त फिर भी वो तेरी,
बताओ कोई देव ऐसा जो परीक्षा के बग़ैर प्राप्त होता हो |

याद है ?

आज संसद में बैठा है, ठीक से सोया तो है ना?
रखनी है मेरे रोटी कपड़े मकान की बात याद तो है ना?

आज तो खूब लगेगा भोग तुझे मंदिर में तू खुश होगा ,
मैं तो नहीं आ सका लेकिन मेरी इबादत याद तो है ना?

मेरी सॉरी को मेरी लाचारी तू समझते बैठी है,
तेरे दिए हुए कई जख्म तुझे अब याद तो है ना?

ट्रेन से बस, बस से दफ्तर, दफ्तर से वही घर का सफ़र,
माँ, तुझे तेरे त्याग के अलावा मेरा तनखा कमाना याद
तो है ना ?

कर कर्म छोड़ फल की चिंता तूने ही कहा था गीता में
पर,
तूने की थी कौरवों के हार की कामना तुझे याद तो है
ना?

फ़र्क़

जिस तरह से बात करनी है अब वो हो नहीं सकती,
फिर बताओ बात हो या ना हो क्या फ़र्क़ पड़ता है।

हो नज़दीक हम या हो बहुत दूर तुम्हारे दिल से हम ,
जब बात रह गई हो एक तरफा तो क्या फ़र्क़ पड़ता है।

पत्थर कई पड़े थे रास्तों में जहाँ हम चल रहे थे,
आँखे थी सिर्फ़ हमारी मंजिल पर क्या फ़र्क़ पड़ता है।

वो दे दे कर कितना दर्द जिंदगी में दे सकेंगे मुझ को,
सहने ही आदत हम को मुद्दतों से है क्या फर्क पड़ता है
।

उस को अपनी हस्ती बताने में बड़ा मजा आता है ,
हम कहा मंदिरों में भीख मांगे हमे क्या फर्क पड़ता है।

बात बने

हर फौजी के साथ रहे पूरा हिंदुस्तान तो बात बने,
हर एक निकली गोली अब दुश्मनों की छाती चीरे तो
बात बने।

बहुत आए कफ़न में लिपट कर यहाँ हमारी ज़मीन पर,
अब वहाँ कफ़न को भी कपड़ा ना बच पाए तो बात
बने।

उन्होंने तोड़ दिए वो सारे रिश्ते जो हमने अमन से
बनाए थे,
अब हम उनको गलती से भी कभी ना जोड़े तो बात
बने।

ये क्रिकेट संगीत भाईचारा सब एक ढकोसला है ,
अब सिर्फ़ उन को हम दुश्मनी बताए तो बात बने।

रोई है यहाँ कई माएँ छाती कूट कूट कर बरसो से,
बहुत सी माएँ वहाँ भी रोज़ रोती रहे तो बात बने।

उन को नहीं छोड़ेंगे ऐसे धीरे से क्यो बोलना दुनिया में,
चीरेंगे टेररिस्तान को ऐसा हमारी सियासत कहे तो
बात बने।

बारिश

दरख़्त का रंग हरा होने लगा है
ये बूंदे जो टपक रही है पत्तो के बीच से
उसका गुस्सा अब नर्म होने लगा है
सुनो सुनो सुनो दिल बजने लगा है
गुलमोहर है अभी भी देखो लाल लाल
पानी उस मे केसर घौल सा रहा है
आज तो बंद हो रखा है सारा शहर
बारिश का पानी कुछ जख्म खोल रहा है
धाय धाय छम छम बिजली और पानी
उसका लिपटाना क्या खूब जम रहा है
चाय पकोड़े रम थम्स-अप अरे छोड़ो ये नुस्ख़े
देखो इस बारिश को, क्या नशा घोल रहा है
नौ महीने से किया है इस मौसम का इंतज़ार
बादल धरती के इश्क़ को क्या डुबो रहा है
क्या लेकर बैठे हो तुम पुरानी शिकायते
लग जाओ गले बरसता पानी बोल रहा है
आफ़ताब की रौशनी अब रुक सी गई है
तेरे गाली के डिम्पल में अब तूफ़ान भर रहा है
तू थोड़ा सा तो भीगा ले अपने पल्लू को
फिर देख पानी कैसे चक्कर खा रहा है
अगर देख बारिश को ट्यून कुछ नहीं किया
तो समझ लेना की तू दिल से बूढ़ा हो रहा है

इश्क़

मैं जला मेरे साथ जला ये जूठा इश्क़,
कहाँ कहाँ से दिल में जगा ये जूठा इश्क़ |

तुम बेज़ुबान रहो और हम जताते रहे,
अब नहीं जचता हमको ये जूठा इश्क़ |

कबीर बोले ढाई अक्षर और सब मान जाए,
हमे तो हमेशा लगा है ये जूठा इश्क़ |

कब्र में गड़ गए और अब आए हो तुम ,
काहे को जाता रहे हो तुम ये जूठा इश्क़ |

तेरी इबादत करते थक गया मैं ऐ खुदा,
अब जाना मैंने की है ये जूठा इश्क़ |

पड़े है

बिस्तर पे पॉव
कब उठे पता नहीं
घर फैला पड़ा है
समय जाये या ना जाये
कुछ फ़र्क़ नहीं
सालों की तिजारत के बाद
ये सुकून बिलकुल ठीक है

ज़िंदगी

मुद्दतों के बाद मिली है इंसान की ज़िंदगी,
है जीने के लिए काफ़ी मस्त ये ज़िंदगी।

पेड़ , पौधे, नदी , असमान , बारिश, धूप,
देख तेरे लिये कितनी खिली है जिंदगी।

देख रहा है तू आगे आनेवाली तकलीफ़े,
ख़ुशिया लेकर तेरे पीछे पड़ी है ज़िंदगी।

अभी तुम थोड़ा महसूस करते रहना ,
फ़ुरसत में तुम्हें हमेशा मिलेगी ज़िंदगी।

चाय

Corporate guys knows this chai time
Dedicated to tea

चाय की तलब ११ बजे की
दो चुस्की और दोस्तों से बात पते की
आज के काम की स्ट्रेटेजी क्या होगी
लगा चुस्की सोच बात पते की
अब ग्यारह बजे कोई शराब नहीं पिता
चाय ही खोलती चाबी दिमाग़ की
ऐसा क्यों होता है की चाय सुबह की
सबसे खूबसूरत घड़ी इंतज़ार की
मैंने आपने सबने कही है
चाय की चुस्की के साथ कुछ बात पते की

और चाय

दर्द वाली चाय और प्यार वाली चाय,
सुबह की मज़ा है आफ़ताब के साथ चाय।

कभी अकेले तो कभी हमदम,
साथ देती है हरदम ये चाय।

कुछ लोग माँगते है कुछ अलग उस से,
सुट्टे वाली चाय या बिस्कुट वाली चाय।

सुबह होते ये देश जाग उठा है,
जागी है उस के साथ मसालेवाली चाय।

शायर के ख़यालों को या बारिश की बुंदों को,
टटोल के रख देती है एक प्याली चाय।

भरोसा

God don’t get this, so he is
depending on me...

मैं उस ख़ुदा के भरोसे बैठा था ,
क्या पता की वो मेरे भरोसे बैठा हो।

कितना करना बाक़ी है कैसे बताये,
और वो इंसान की मेहनत के भरोसे बैठा हो।

कुछ इश्क़ , कुछ जुनून कुछ शायरी,
शायद वो मेरी महफ़िल के भरोसे बैठा हो।

तू भीगे और साथ तेरी रूह भी शायद,
वो तेरे अंदर की बारिश के भरोसे बैठा हो।

अब थक गया होगा रोज़ सीते सीते ,
क्या पता शायद वो ज़ख्मों के लिए बैठा हो।

Pre-monsoon

इस बार कुछ ग़म मिक्स हो गए

एक इंतज़ार अब ख़त्म होने को है ,
लगता है सावन की झड़ी आने को है ।

सागर और दरिया दोनों छलकेंगे,
दोनों में पानी बरसने को है ।

ता-हद-ए-नज़र बरसेगा जब पानी,
धरती का इनज़ार ख़त्म होने को है।

अचानक से रात को शहर का एक गरीब,
अपनी झोपड़ी की छत सीने को है।

बारिश लगता था तू मस्ती ही लाएगी,
इस बार शायद कई ग़म आने को है।

बुंदों का वजन झेलना तो पड़ेगा ,
कदम कुछ सुस्त होने को है ।

Monsoon

इतने साल उम्र के बीत गए
फिर भी हर साल हम कहते है
पहली बारिश मुबारक
क्या है ऐसा, क्यों लिखा है
पहली बारिश के बारे में
ऐसा क्या ये दिल ओ दिमाग़ में
कर जाती है पहली बारिश
,बूँदोंकी झडी ,काला आसमान
चमकती बिजली, मिट्टी की ख़ुशबू
हरा हरा हर पेड़
मानो असमान के सर से धरती की पाओं तक
एक दुल्हन जैसी सजी है कोई
झोपड़े में सुराग हो या सर पर छत
दोनों को ये पसंद होती है
मानो उपरवाले की महर पानी बनकर
धरती पर बरस रही है

......Monsoon

हर किसी ने कुछ ना कुछ लिखा या सोचा है
हर शक्स इस दुनिया का उसके बारे में कुछ
अलग सा सोचता है
अलग क़िस्सा बारिश का और करोड़ों दिलों
की उमंगें
ऐसा हर साल होता है
होते रहेगा
हाथों में हाथ हो या ना हो
ग़म हो या ख़ुशी साथ हो
दिल जवान या बूढ़ा हो
हाथ में सागर या चाय हो
हर हाल में देखो
कायनात में एक मीठी सी सुवास है
अब बारिश का मौसम आसपास है

पहेली बारिश मुबारक हो

इंक़लाब

सब कहते है की इंक़लाब आएगा ,
पर वो मैं नहीं, कोई और लाएगा ।

मेरे घर गली की बदबू कहाँ आती है ?
ये कचरा रास्तों से कोई और हटाएगा ।

बे मौत मर रहे इन गड्डों भरे रास्तों पर ,
कमर टूटने का दर्द कोई हकीम भगाएगा ।

रेंग रही है पैसों के बिस्तर पर सियासत ,
मेरा कमाया अब इन्ही के काम आएगा ।

बेशर्मी इतनी की मैखानें की हर मेज़ पर,
कोई शराबी हिन्द के मसलों का हल बताएगा
।

बन गई है सोच सिर्फ़ ख़ुदगर्ज़ी के लिए ,
मेरा देश मुझे कैसे आराम में काम आएगा ?

शर्त

अभी शर्तों में रखा है प्यार आपने,
हमे दिलवाए कई ईंतेहा आपने |

अबशार के पानी को भी रोक लिया,
कैसे इतने बड़े पत्थर लगाए आपने |

रुक रुक कर सुनाते थे प्यार की बातें,
उधर मुँह और कानों पर दुपट्टा लगाया आपने
|

जिस की भी हिम्मत है आज़माए हम से,
बड़े घाव दे रखे है दिल पर आपने |

सागर को मैं घोलकर पी जाता हूँ,
अब निगाह-ए-करम नहीं फ़रमाया आपने |

यह लोग शहर के

बारिश में भी शहरों से अंगार बरस रहे है,
कौनसा आग़ाज़ है जिस को हम तरस रहे है
।

गड्डे में जैसे समा गए है पूरे शहर के रास्ते,
कौन सी मिट्टी की ख़ुशबू को हम तरस रहे है ।

कितनी आवाज़ देंगे हम आज़ादी को यहाँ,
सिर्फ़ ज़िंदगी के वाक़ियो में हम झुलस रहे है ।

ये दोस्ती दोस्ती, रिश्ता रिश्ता खेलनेवाले,
पता नहीं कहा पर जाकर बरस रहे है ।

बड़े ही हुनर से पेश आ रहे है विलायत में
लोग,
जो स्वदेश में थूकते हुए कई बरस रहे है ।

धज्जियाँ

For monsoon session of parliament

जमहूरियत की धज्जियाँ उड़ाने फिर से आ गए,
महलों में बैठ कर कुर्सी में ,ग़रीबी हटाने आ गए।

आ गए देखो कई वहाँ सफ़ेद लिबास में सज कर,
भेजे थे हमने मसीहाँ, वो ही वहशी बनकर आ गए।

सोचा था देकर लगान, कुछ तो मिल जाएगा लेकिन,
मेरी दौलत से ये अपनी गाड़िया चलाते आ गए।

बीत गए पचहत्तर साल पानी पानी कहते हुए,
और ये रामजी का मसला सुलझाकर आ गए।

रस्तों की तरह पड़े है गड्ढे कई के शिकम पर ,
और ये बादाम के डकार दे कर आ गए।

जमहूरियत means democracy or prajanantra
शिकम means stomach

गुलाबी

प्यार करने से हमे भला क्यों डरा रहे हो,
ज़ख्मों की है आदत , ये क्या बता रहे हो |

तेरे दर से कभी मैं ख़ाली गया ही नहीं,
आज भी बाल सुखाने कब आ रहे हो |

पीली ही रहने दो आफ़ताब की रौशनी,
चेहरे से क्यों उसे गुलाबी बना रहे हो |

माँगने पर जान मैं हरगिज़ नहीं दूँगा ,
क्यों आसानी से मुझ से पीछा छुड़ा रहे हो |

क़ैद करलू तुम्हें तुम्हारी मुस्कुराहट के साथ,
जब से जागा सपनों से , बस तुम ही तुम रहे हो |

आँचल

हसीनाओ का मुझ पर बड़ा अहेसान रहा है ,
उन्हीं से मेरा दिल थोड़ा हलका रहा है ।

उन की तारीफ़ में कभी कसर नहीं छोड़ी हमने,
उन का भी सुनकर बहुत ऐतराना रहा है ।

अल्फाज़ो में कभी कमी नहीं उन के होने से ,
तभी तो मिज़ाज अपना शायराना रहा है ।

दिक़्क़त क्या है हसीनाओं को पास आने से,
जरा आँखों में देखो, आईना तो घर पर रहा है ।

थोड़ा सम्हलना चाहते थे हम भी चलते चलते,
ईमान से,
पर फिसल गये, क्या करें, आँचल ढल रहा है ।

अरमान

वो आँखें खोल रहा है, और घांव बन रहे है,
दबे हुए थे अरमान मेरे, अब कैसे तन रहे है।

लहजा उसका है बिजली का, जरा रफ़्तार तो देखो,
हिरण रुक गये है देखकर, और अबशार बन रहे है।

मेरी गिरफ़्त में उनका आना, अब ये मुमकिन हुआ है,
दो चार बोसे हो गये है, जलकर पिघल बदन रहे है।

छीन लिया है सब कुछ, दवाख़ाना खोल रखा है ,
दे रहे है दुआ जीने की , और बेच कफ़न रहे है।

लिया हुआ उधार है , अब वोट भी माँग रहे है ,
शिकम पर मेरे सियासती लात मार दना दन रहे है।

दो

ख़ुदा,
मज़हब

दोस्ती,
मतलब

सियासत,
करतब

ज़ख़्म,
सब

प्यार,
डूब

ग़ज़ल,
तलब

जंग,
दब

खिचातनी

चल थोड़ा पहले जैसा पागल बनते है,
मिलके सोचे कैसे खूब सपने बनते है।

खिचातनी में कहा बिता रहे है ज़िंदगी ,
साथ बुननेवाले रेशम के धागे बनते है।

प्यार दोस्ती के चक्कर में क्या रखा है?
डाले हाथों में हाथ, राब्ता बनते है।

निकल गये है जो ज़िंदगी में से रंग ,
चल वही तस्वीर के रंग बनते है।

बेख़ुदी तो एक दिन उतर ही जानी है,
तब तक आओ साक़ी और शराब बनते है।

नथनी

This poem is on nose ring- the only ornament which has complete ownership of woman. Enjoy

पर्वतों सा तेरे अधरों का आकार
उसपर सूरज बनकर
चमक रही है नथनी
उसके गोल चकरावे में
एक आग है जो क़ाबू में है
पर नथनी बनी है
आग को बेक़ाबू करने
यही है एक सिर्फ़ स्त्री का गहना
जिसके क़ाबू में हर पुरुष की हस्ती है
नथनी और उसकी चमक
सूरज और चाँद को समाए हुए

फूल

पौधो पर लगे फूलों को
देखने का आनंद
उसकी ख़ुशबू को
महसूस करने का आनंद
कुछ अलग होता है
तोड़ने जा रहा था फिर लगा
टूटे पौधों से
सुई से पिरोए गए किसी हार में
किसी बेजान सी मूरत पर चढ़े
फिर मुझे वो इतने खूबसूरत नहीं लगे
उन्हें शायद पौधों पर ही रहना था
सुंदरता ख़ुशबू बिखेरनी थी
उन्हें ख़ुद मुरझाने दो
पौधों से गिरने का जश्न मनाने दो दूसरे फूलो के
लिए
उनकी ज़िंदगी का फ़ैसला
किसी और के लिए
तुम लेना छोड़ दो

दिवाली

अचानक पटाखों से दिवाली आते ही
प्रदूषण बढ़ने लगा है
हर रोज़ पूरे साल पुरानी ट्रक, ऑटो
हमारी गाड़िया ये सब का प्रदूषण में
कोई योगदान नहीं है
बड़े जोरो से बजनेवाले हॉर्न पूरे दिन
किस को परेशान नहीं करते
मगर अब दिवाली है
पटाखों की आवाज़ सबको डरा देगी
नींदे उड़ा देगी
पूल टूट रहे है, भ्रष्ठाचार नाच रहा है
नेता नारे बाज़ी और गठबंधन में व्यस्त है
खाने की चीज़ो का स्तर नीचे जा रहा है
कई गाँव इस्पताल के बिना है
लेकिन हमे क्या
हम इसके बारे में क्यों बोले
पटाखों से होनेवाला प्रदूषण
सब से ज़्यादा अहमियत रखता है
तो क्या अगर नेता देश फूंक दे
रॉकेट से नुक़सान नहीं होना चाहिए
दिवाली है दोस्तों
प्रदूषण का महीना है
आवाज़ उठाओ ज़ोर से
सास लेना भारी है

तवायफ

जिस्मनोची के व्योपार में फसी थी मैं,
पता नहीं कब खुदसे मिली थी मैं |

मेरे लिये तो थी ये भूक सिर्फ़ शिकम की,
मिटाने उस को कैसे लोगो के हाथ लगी थी मैं |

छोटा बिस्तर और बदबुदार कमरा है,
ज़िंदगी सारी यही बिता रही थी मैं |

कई मर्दों के वजन तले दब चुकी हूँ ,
दिन में मुझ को बहुत हलकी लगी थी मैं |

है शायद महेफ़ूस बहुत सी बेटियाँ , औरते,
समाज पर कितना अहेसान कर चुकी थी मैं |

बूढ़ा बाबा

ओल्ड मंक तो ओल्ड मंक है,
सार नशे इस के आगे जंक है।

कभी ये फ़र्क़ नहीं करती चढ़ने में,
गम हो या ख़ुशी, किक इस की एक है।

डूबा दिये कितने युग इसने गिलास में,
यादों और वादों का गहरा दम है।

कितने क़िस्से दिल के बहार लाती है,
और देखो, क़ीमत भी इसकी कम है।

दुश्मन भी आये बाटने तो उसे बोल दु,
तू भी ले ले , भले आज थोड़ी कम है।

चोर

यह गुरु अव्वल दर्जे का चोर है
सब चुरा रहा है हम से हस कर
अच्छे ख़ासे आलसी थे
नींद चुराके जुल्दी उठना सीखा दिया
ख़ुद की ही दुनिया में मस्त थे
वो भी इन से देखा ना गया
सेवा करने में दिया
हुड्डिया आराम से घिस रहे थे
साधना में लगा दिया
अच्छा बाथरूम सिंगर था
सत्संग में बिठा दिया
ख़ुद कुछ सीखे नहीं, क्या आराम था
उठा कर शिक्षक बना दिया
कितनी गॉसिप करते थे और बोलते थे
मौन में रख दिया
अब और क्या चुराएगा पता नहीं
अव्वल दर्जेका चोर है
जरा बच कर
लेकिन कैसे बचोगे ?

कागज़

मिसरे बैठे बैठे ही कागज़ पर निकल जाते है,
लब्ज़ है कि उनकी तारीफ़ में ढल जाते है।

ख़याल उनका तसव्वुर में आते ही दोस्तों,
अच्छे अच्छो के ईमान पिघल जाते है।

दिलासे देने लगा है अब आफ़ताब भी,
फ़ुल बेचारे उनकी चमक से जल जाते है।

जिन्होंने देखी आँखें वही बैठे है महेफ़िलो में,
जो चूक गये, वो मैखनों में पाए जाते है।

वाइज़ भी क्या दे सिख किस को बचने की,
वो ख़ुद ही उनके हुस्न के पीछे जाते है।

दोस्त

मैपरस्ती मुझ से सीखनी तुझे बाक़ी है मेरे दोस्त ,
तू अभी शराब को शराब की तरह पिता है मेरे दोस्त ।

जल्दी जल्दी तुझे बेख़ुद हो जाने की है तलब ,
घूँट को धी धीरे उतारना तुझे सीखना बाक़ी है मेरे
दोस्त ।

ये घर जाने की जल्दी से मैकदे नाराज़ से रहेते है ,
ये इंतज़ार का आलम सीखना बाक़ी है मेरे दोस्त ।

शराब को तल्ख़ कई लोग कहेते रहेते है हमेशा,
उनको अदबसे मैकदे में लाना बाक़ी है मेरे दोस्त ।

बदनाम है बाहर लेकिन सुकूँ देती है अंदर जाते ही,
शराब को उसका दर्जा मिलना बाक़ी है मेरे दोस्त ।

दवा

हाकिम से दवा के पैसे बचाते है,
तलब दर्द की ज्यादा रखते है।

कर ली भले ही गुलामी नौकरी में,
शायरी में आज़ादी ज्यादा रखते है।

एक भी इल्म जिंदगी का न आया,
दिल टूटने की आदत रखते है।

तुम भले ही कहो साथ छूट गया ,
हम उम्मीद को कायम रखते है।

बिछड़ने से पहले ये सौदा कर लो,
तुम दिल रख लो हम याद रखते है।

कहाँ भाग रहे है

कब्र की और भाग रहे है ,
ना पता क्या खो रहे है |

छीन रहे है प्यार ज़िंदगी से ,
पैसे के पीछे दौड़ रहे है |

फूलों से पता ख़ुश्बू का ना पूछा ,
तोड़ने का ज़रिया खोज रहे है |

ना दोस्ती राज आती है सबको,
बनावट के पीछे दौड़ रहे है |

अंदर कुछ और , बाहर कुछ और,
कितने नक़ाब हम ओढ़ रहे है |

लम्हे जुनूँ के अब हासिल कहाँ,
चादर लिए जो सो रहे है |

कफ़न

जहाँ कमीज है वहाँ कल कफ़न होगा,
मिट्टी है खाऊ यहाँ हर कोई दफ़न होगा।

ढूंढते रहना आब-ओ-दाना किस्मत है,
यहाँ हर शक़्स का शहर में गमन होगा।

इतरा रहा है इतना क्यों इश्क़ में,
दो दिन दे दो, इस का भी चयन होगा।

खुशियां ढूंढ रहा है बैठ कर ख्वाईशो में,
इसी रास्ते पर देखना तेरा पतन होगा।

घूम ले दुनिया न सुकून कहीं पाएगा,
आराम से जहा सोएगा वहीँ तेरा वतन होगा।

आँख , नाक, कान, जुबान और स्पर्श,
इन रिपु ओ से ही तेरा दमन होगा।

सोच समझ कर मांग उस खुदा से,
सुख दो इच्छा के बिच का कफ़न होगा।

AUTISM

इस दुनिया में मैं आया अलग सा कुछ ले कर,
कैसे समझेगा तू मेरी दुनिया कुछ भी दे कर,
ये Autism का कीड़ा लाता कुछ भयंकर,
झेलेगा इस को कैसे इस का लाइफ अलग कर।

न पैसा मुझ को मालुम और न कोई बोली,
तेरे को क्या मालूम मेरी माँ क्या क्या झेली,
फ़र्क़ नहीं पड़ता अपुन को अपनी लाइफ सेट है,
लेकिन इस दुनिया ने मेरी भी बहोत लेली।

डर मेरा किसी को समझ में कैसे आएगा,
ये कुत्ता बिल्ली भी मुझ को आ कर रोज डराएगा,
कहे नहीं कुछ तो लोग समझते प्यार नहीं,
जब आता नहीं तो मै कैसे प्यार बतलाएगा।

मुझे देख कर कई लोग दूर भाग जाते,
दिखावा करने कई पास भी है आते,
मेरा देखना किसी को करीब आकर आँखों से,
देख मुझे कई लोग रास्ता बदल जाते।

जिए तो जिए कैसे लोग मेरे जैसे यहाँ पर,
अलग होना इस जहाँ में है बुरा लिखा कहाँ पर X २

AUTISM...

मेरा खेलना अलग बोलना अलग खाना भी अलग,
मेरी चॉइस समझेगा कौन ऐसा यहाँ आ कर,
तेरी बाते नहीं समझता क्या ही तू कर ले,
कैसे किसी को समझाए कैसे कोई देखे झांक कर।

हु मै पच्चीस का पर बातें तीन की होती है,
जिंदगी पता नहीं कैसे मेरे साथ जीती है,
क्या कहु क्या न कहु कैसे मै मतलब तुझे बताऊँ ,
मेरी बातें यहाँ सिर्फ मुझ को ही समझ में आती है।

कैसे जीऊंगा मै आगे मेरी मां ये सोचती है,
मर जाऊं उसके पहले यही खुदा से मांगती है,
सारी खुशियां उसने मुझ पे क्यों लुटाई है,
किस मिटटी से बनी राजा की तरह मुझे रखती है।

सोचा था मेरे बापू ने कुछ तो नाम कमाएगा ,
बेटा उस के साथ बैठ कर दारू और दम खीचेगा,
क्या किस्मत पाई है देखो इस ढीठ आदमी ने,
जिंदगी भर महेनत से मेरे लिए रोज कमाएगा।

जिए तो जिए कैसे लोग मेरे जैसे यहाँ पर,
अलग होना इस जहाँ में है बुरा लिखा कहाँ पर X २

बेंच

कई बरसो से मै इन लोगो को जानती हूँ
छोटे बड़े कई लोगो के
दर्द , उन की मुस्कान, उन का अकेलापन , उन की ख़ुशी
जिंदगी के हर लम्हे मैंने चुपचाप
एक अच्छे दोस्त की तरह बाटें है,
मुझ पर गिरी सुबह की औंस दरअसल आंसू है
जो मैंने बच्चो की याद में गुजारे है
इसी जगह कई जवानो ने तसव्वुर सोचे है
कई युगलो ने प्यार के सपने बांटे है
कई बूढ़ों ने अपने गम बांटे है
कई लोगो ने अपना अकेलापन
और सन्नाटे बांटे है
तुम कही भी रहो
कभी भी आओ
मै हमेशा मिलूंगी यहीं
तुम्हारा सब कुछ बाँट ने
बिना कुछ कहे
मै सिर्फ हूँ
कभी बैठना आराम से

नतीजा

मैंने की जुस्तजू तेरी, यह उसी का नतीजा है,
हर काम से मै गया , यह उसी का नतीजा है।

तुम मेरी हर बात पर बेफिक्र मुस्कुरा देती हो,
गुस्सा न होना कभी तुझ पर उसी का नतीजा है।

शायद मुर्शीद को मेरी शागिर्दगी पसंद नहीं,
हर परचा मेरा कोरा रहना यह उसी का नतीजा है।

माली ने हर फूल की कदर छोड़ दी है अभी,
हर बयाबान कायनात में उसी का नतीजा है।

गम-ओ-ख़ुशी में एक जैसी बादा बटती है,
मैकदो में इतनी भीड़ उसी का नतीजा है।

तमन्ना

ये बात समझनी जरूरी है ,
तुझे पाने की तमन्ना पूरी है।

चढ़ा रखा है तुमने नकाब-ए-इश्क़,
उसे उतारना भी जरूरी है |

इन आँखों से तुम देखती हो,
तभी तो ये माहौल सूरूरी है |

सिर्फ बैठे हो पास न हाथो में हाथ,
ये नज़दीकी नहीं, ये दूरी है |

भर सारे गए नया जख्म दे मुझे ,
शायर के लिए ये जरूरी है |

सेल्फी

ये पता नहीं किस चीज़ से अब जिंदगी हिलेगी,
हालातो में आदमी खौफ से लड़ रहा है।

पांचसौ लोगो ने दबा रखा है डेढ़सौ करोड़ को,
इसी लिए आम आदमी नौ से पांच दौड़ रहा है।

कमर दर्द अब जिंदगी का हिस्सा बना है,
गड्ढे में रोज ये बेजान शहर गड रहा है।

बेहिसो-बेजान बन कर तमाशा देखता है,
किसी की जिंदगी का घाव वीडियो बन रहा है।

सवाली है खड़ा रात भर उस के दरबार में,
वो बड़ी हस्तीओ के साथ सेल्फी खिंच रहा है।

अनंत

अगर सत्य के अलावा सब नाशवंत है ,
तो जुठ का जीवनकाल क्यों अनंत है |

पी जाता है विष और पता भी नहीं चलता,
इसी लिए जिम्मेदारी के बीच बाप जीवंत है |

संभवामि युगे युगे सिर्फ गीता का एक श्लोक है,
टूट रहे है रोज धरम कहा वो भगवंत है |

न जाने किस पीढ़ी के लिए बटोर रहे है,
खून है लक्ष्मी पर और ये कहे हम धनवंत है |

खो गई पहचान उलझ गया है किस्सों में,
अंदर की आवाज अब कहाँ जीवंत है |

जुम्मन चाचा

जुम्मन चाचा का पीठ दर्द
आज चरमसीमा पर है
पीठ पर आयोडेक्स मलते हुए
हाथ में भी दर्द उठ रहा है

जुम्मन चाचा के रिक्षा की रफ़्तार
अब धीरे धीरे कम हो रही है
और पीठ दर्द बढ़ते बढ़ते
आमदनी भी कम ही रही है

रिक्षा उनकी फॅमिली का सहारा है
ऊपर से महंगाई बढ़ती जा रही है
रास्ते कल ठीक हो जाएंगे
यही सोच उन की पीठ दर्द सह रही है

रास्ते के गद्दे अब बड़े होते होते
उन की कमर पर आ गए है
रिक्षा की रफ़्तार की तरह
आमदनी भी धीमी हो रही है

जुम्मन चाचा...

पीठ दर्द की वजह से JVLR और घोड़बंदर का भाड़ा
बहुत दिनों से जुम्मन चाचा नकार रहे है
लोगो के ताने सुनते सुनते हर रोज
उनके कान अब धीरे धीरे आदि हो रहे है

ये मेट्रो का काम ये सड़को की खुदाई
मुसलसल सी कई सालो से चल रही है
जुम्मन चाचा के पीठ दर्द के साथ साथ
भुखमरी भी घर में बढ़ रही है

महीना हो गया है रिक्षा धूल खा रही है
पीठ दर्द के इलाज में दवा भी पैसे खा रही है
ये तरक्की किस किस को ले डूबेगी गड्ढे में
चलते हुए इंसान की तबियत बता रही है

एक सीधा सा सुकून सा रास्ता मिल जाए
रिक्षा जुम्मन चाचा की यही मांग रही है

है और कोई इसका जिम्मेदार जो महलो में
मखमल के गद्दे पर सो रहा है
जुम्मन चाचा का पीठ दर्द
आज चरमसीमा पर है
जुम्मन चाचा का पीठ दर्द
आज चरमसीमा पर है

मुश्किल

याद करना मुश्किल मुश्किल, भूल जाना मुश्किल मुश्किल,
नासूर है ये प्यार का निकलना है मुश्किल मुश्किल।

दुनियादारी मुश्किल मुश्किल , दोस्त मिलना मुश्किल मुश्किल,
नमक लेकर सभी खड़े है , बचकर चलना मुश्किल मुश्किल।

मैकदे में शराब मुश्किल मुश्किल, अच्छा साकी मुश्किल मुश्किल,
महबूब ने रखी है बंद आँखे, बेखुद होना मुश्किल मुश्किल।

टालना मौत को मुश्किल मुश्किल, जिंदगी जीना मुश्किल मुश्किल ,
इसी लिए चुनो अलग रास्ता,ये क्या है मुश्किल मुश्किल?

तेरे बंद होंठ मुश्किल मुश्किल,तेरी बंधी जुल्फे मुश्किल मुश्किल,
एक बोसा ही तो चाहा था, तेरे पास आना मुश्किल मुश्किल।

मेरी गझले मुश्किल मुश्किल,घायल होना मुश्किल मुश्किल,
डूब कर देखेगा जब तक नहीं दर्द में , इर्शाद कहना मुश्किल मुश्किल।

फूल

पौधे पर लगे फूल को
देखने का आनंद
उस की खुशबू को
महसूस करने का आनंद
कुछ अलग है
टूटे पौधों से
पिरोए गए सुई से
किसी हार में और वो
किसी बेजान मूरत पर चढ़े
फिर मुझे वो इतने ख़ूबसूरत न लगे
उन्हें पौधों पर रहने दो
सुंदरता और खुशबू बिखेर ने दो
खुद मुरझाने दो
उन की जिंदगी का फैसला
किसी और के लिए
तुम करना छोड़ दो

तलवार

धार तलवार की थोड़ी तेज रखता हूँ,
आ जाए दुश्मन थोड़ा जिगरा रखता हूँ।

यारों मेरे घर पर तुम्हे आराम ही मिलेगा,
मैं घावों के लिए नमक नहीं मरहम रखता हूँ।

दिल के मकान में कमरे है सभी रिश्तों के लिए,
पर एक पूरी मंज़िल वतन के लिए रखता हूँ।

ये ग़ालिब ये फैज़ ये फ़ाज़ली तो दे कर गए,
थोड़ी चोट मैं अपनी भी ग़ज़लों में रखता हूँ।

जो आया वाइज़ मुझे से नसीहत ही दे रहा है,
उसे क्या पता मैं जेब में जख्मो की किताब रखता हूँ।

ढीठ

बड़ा ढीठ हूँ खुद की मर्जी से ही जीता हूँ,
समझना मुश्किल है, खुद के पैसे की पिता हूँ।

आ कर दे जाओ जख्म जितने ठीक ही है,
मैं ग़ज़ब की शायरी से दिलो को सिता हूँ।

ये भागे जा रहे है वो इंसान कहाँ है,
इन्हे रोक मैं मैकदे का पता देता हूँ।

दोस्ती को कुछ ज्यादा ही शोहरत मिल गई है,
जब हो बात दागे की मैं उन्ही को याद करता हूँ।

तराशा गया हूँ मैं कई वाक़ियों से दुनिया में,
दर्दो को समझो दवा सब को यही मशवरा देता हूँ।

SRA PROJECT

ख़ूबसूरत बड़े शहर के बिच
एक गन्दा छोटा जंगल था
एक कोयलिया ने वहां आ कर
बनाया अपना घोसला था
कुछ शहर की कुछ बहार की
कुछ दूर दूर से आई थी
उस जंगल पर जमाया
उन्हों ने अपना कब्ज़ा था
एक कोयल जो सयानी थी
उस ने सोच सब को बोला था
उस को गंदगी के बहार जा कर
बनाना नया आशियाना था
सब कोयलिया साथ उड़ कर
गई एक शिकारी के पास
बिनती करने उस शिकारी से
उन्हें मांगता एक नया आशियाना था
शिकारी बोला कोयल से तब
एक साफ़ सुथरी बस्ती है
भोले भोले कौवो की वहां
बड़े अच्छे जंगल में हस्ती है

SRA PROJECT...

गन्दा जंगल कट गया अब
शहर साफ-सुथरा था
कोयल को कौवो की बस्ती में
गुप्-चुप अपना घर बनाना था
हर कोयल ने अपने अंडो को
रखा कौवो के घोसलो में था
हर कौवा अंडो को पाल कर
मानता उनको अपना बच्चा था
कोयलियों ने ऐसे अपना आशियाना
नए जंगल में बनाया था
बहुत साड़ी कोयलिया देख
हर एक कौवा भरमाया था
अब उस साफ़ सुथरे जंगल में
कोयलियों का नया बसेरा था
कौवा बेचारा अपने जंगल में
खुद को महसूस करता पराया था
शिकारी को मिला साफ़ एक शहर
कोयलियों को मिला साफ़ जंगल था
कौवा अपने ही घर से बेघर
खुद को अब मानता परदेसी था
कौवा कभी न जाएगा उसे ये लगा
यह तो कोई महेमान था
उसी महेमान ने खिदमत की
अब कौवा घर से बेगाना था

विष

वो पि गया विष उस मे क्या बड़ी बात है,
फ़र्ज़ ही तो था, निभाया उस मे क्या बड़ी बात है |

दर्द, जुल्म, गलती सब का हिसाब हो रहा है,
इश्क़ भी खूब किया, उस मे क्या बड़ी बात है |

मसला यह है की दिलफेकि से दुनिया को ऐतराज़ है
,
हसीनाओ को ये है पसंद, उस मे क्या बड़ी बात है |

जी गया मै कितने लम्हे मरने की ख्वाइश में यहाँ ,
इंतज़ार तेरा हमेशा रहा उसमे क्या बड़ी बात है |

ढूंढ ढूंढ कर मैंने ख्वाईशो को निकला है अपने दिल
से,
रह गई तुझ से मिलने की ख्वाइश उसमे क्या बड़ी
बात है |

फिर से

तूने कर लिया अपना बचाव बखूबी फिर से,
मेरी पैरवी को कोई वकील न मिला फिर से |

खुद्दारी, मनमानी, खानाबदोशी और मै-परस्ती,
पता तो है सबको, मेरा पता क्या बताऊ फिर से |

कितनी बार चलाई है तूने दो धरी तलवार ,
जख्म खाया था, और खाएगी इस बार भी फिर से |

दुनिया वालो तोड़ो, तोड़ो मुझे, क्या फ़र्क़ पड़ता है,
तूटा हु कई बार, मूड कर देख, खड़ा हूँ फिर से |

उस की तवज्जो के लिए कोशिश करता रहा हूँ,
लेकिन वो है की आज भी मांग रहे सबूत फिर से |

हसीना

वो हसीन है, रूठी है, जाने दे, वो जरूर जाएगी,
अरे मां थोड़ी न है जो एक बार में मान जाएगी।

निचोड़ लेगी पूरा तुझे सिर्फ एक बोसे के लिए,
ईमान, खुद्दारी, मुस्कराहट सब कुछ ले जाएगी।

बहोत जल कर दुनिया में ये सुकून , ये मस्ती आई है,
कल के बच्चे तुम, ये आदत आसानी से न आएगी।

वो चटपटा रही है जल कर की मै मूड कर नहीं देखता,
दाम है ऊँचे हमारे, पूछ ले, तेरी सहेली तुझे बताएगी।

हकीमो ने बताया तेरे दर्द का इलाज इस दुनिया में नहीं ,
कई दिलो को तोडा है, चोट थोड़ी न आसानी से जाएगी।

पैतरे

आ रहा है आ रहा है दौर-ए-ग़ज़ल आ रहा है,
कोई अपने घर से निकल मेरे घर आ रहा है |

वो करेगा ऐसा की उसकी चौखट पर झुकना पड़ेगा,
ऊपरवाला इंसान को हराने हर पैतरे आजमा रहा है |

वो अपने घर से निकल कर सारे लौंडो को देख रही थी,
इश्क़ का मारा हर आशिक किस्मत आजमा रहा है |

शिद्दत से चाहने पर ही मिलेगा ये बात काफी गलत है,
सबूत देने कोई ख़ूबसूरत BMW से उतर रहा है |

अपनी जेबे और आमदनी महफूस रखो महनतकश बन्दों,
जूठे वादे और सपने लेकर चुनावी माहौल आ रहा है |

तसव्वुर

तुझ से शराब का एक गिलास मै ज्यादा पी जाता हूँ,
फिर मै भूल जाता हूँ की कितना प्यार मै जताता हूँ।

खिड़की से झाँक कर देखने की आदत बरकरार है तेरी,
कितना मै आने जाने में किराया खर्च करता हूँ।

सोचता था प्यार से जिया जाएगा कब तक जहाँ में,
तभी तो हर दो साल में मै गर्लफ्रेंड बदलते रहता हूँ।

मै सिर्फ दरवाजे पर दस्तक दे कर रुक जाऊंगा,
बहार जल्दी आना, मै सिर्फ दो मिनट इंतज़ार करता हूँ।

ऐ हसीनों, धोके में मत रहो की तुम हमारा तसव्वुर हो,
मै तो हु दीवाना शायर , हर हाल में लिखते रहता हूँ।

जलन

जब जब जिंदगी के आफताब ने जलाया है मुझे,
चांदनी ने मीठी मीठी नींद सुलाया है मुझे |

ये चाँद जब बरगत के पेड़ से झांकता है रोज,
तब तब किसी की यादों ने रुलाया है मुझे |

धरती से उपज लेकर भी किसान भूका क्यों है?
भ्रष्टाचार से भरी जेबों ने बताया है मुझे |

बच्चे ने उछाला एक पत्थर आसमान की ओर,
उस के हौसले ने रफ़्तार बनाया है मुझे |

फिर भी इस कायनात का मुझ पर अहसान तो है,
जिस ने हर हाल में जीने का हुनर सिखाया है मुझे |

ये बारिश के साथ साथ हवा का झोंका भी है,
उस के आंचल के साथ साथ जिसने उड़ाया है मुझे |

बे-जान दरवाजा

आज बहुत टाइम के बाद
मेरे घर का दरवाजा अब
बेजान सा हो गया है
घर के हर शख्स के पास
उस की चाबी है
कब कौन आता जाता है
पता भी नहीं चलता
अब डोर बेल सिर्फ
चार बार बजती है
कचरेवाला
रिटेल या ऑनलाइन वाला
इस्त्री वाला
या झमेटो वाला
मेरे साथ साथ ये दरवाजा भी
किसी और आहट का इंतज़ार करते करते
अब उम्मीद छोड़ चूका
याद नहीं कब बिन बुलाए
किसी दोस्त ने, भाई ने, बहन ने
चाचा चाची या cousines ने
इस दरवाजे की अचानक ही
बेल बजा दी हो

बे-जान दरवाजा...

और खोलने पर
दोनों के चेहरे पर मुस्कराहट खिली हो
यह शहर का दरवाजा वेलकम
करने की शख्सियत खो चूका है
दरवाजा एक दीवार है
जो इस दुनिया और इस घर के बीच
खींची गई है
सरहदों की लकीरें तो बहुत दूर की बात है
मैंने इस दरवाजे का सिर्फ ताला बदला है
दरवाजा खोलने का अब कोई उत्साह नहीं है
खुलने पर कोई आश्चर्य नहीं है
कोई तो आए जो
मुस्कराहट ले कर आए
रोज आने वाले उन चार लोगों से अलग हो
इंतज़ार रहेगा
एक दरवाजे को
जो मेरे घर का है

मशीन

आज मेरा फ़ोन
सिर्फ आधे घंटे के लिए रिपेयर गया
मानो दुनिया हिल गई
कोई इम्पोर्टेन्ट कॉल आया तो
कोई अर्जेन्सी हो गई तो
पहले ऐसे नहीं होता था
पहले कितना भी इंतज़ार हो
दुनिया थमती नहीं थी
मशीन और इंसान के बिच
अब चुनाव मुश्किल है

फ़र्क़

जिस तरह से बात करनी है अब वो हो नहीं सकती,
फिर बताओ बात हो या ना हो क्या फ़र्क़ पड़ता है।

हो नज़दीक हम, या हो बहुत दूर तुम्हारे दिल से हम ,
जब बात रह गई हो एक तरफा, तो क्या फ़र्क़ पड़ता है
।

पत्थर कई पड़े थे रास्तों में जहाँ हम चल रहे थे,
आँखे थी सिर्फ़ हमारी मंजिल पर क्या फ़र्क़ पड़ता है।

वो दे दे कर कितना दर्द जिंदगी में दे सकेंगे मुझ को,
सहने की आदत हम को मुद्दतों से है क्या फर्क पड़ता
है।

उस को अपनी हस्ती बताने में बड़ा मजा आता है ,
हम कहाँ मंदिरों में भीख मांगे हमे क्या फर्क पड़ता है।

डिजिटल इकॉनमी

तुम बेकार ही में अक्सर परेशान रहे हो,
जो नहीं सुनता उसे किस्से सुना रहे हो।

यहाँ हर शक़्स लिपटा है गम में फिर भी,
तुम उस को सुकून का पाठ पढ़ा रहे हो।

ट्रैन में घिस गई है कमीज और बैग भी,
अच्छे दिन आएँगे ये मुसाफिर को बता रहे हो।

घुमा घुमा के माँ के किस्से कई बता दिए,
और बाप की कुर्बानी कहाँ बता रहे हो।

टूटी सड़के और फटी है गरीब की चप्पल,
उसे पीठ दर्द का तुम मरहम बता रहे हो।

कंडक्टर ने उतार दिया बस से की छुट्टे नहीं है,
और डिजिटल इकॉनमी के उसे किस्से बता रहे
हो।

चाय के रिश्ते...

पापा
तुझ से क्यो जुड़ा नहीं, पता नहीं,
इस चाय ने मुझे तुझसे तोड़ा नहीं

ख़ामोशी है टेबल तेरे मेरे बीचमे
पर चाय की चुस्की बोल रही है

बिग सिस्टर
पॉकेट मनी तेरे चाय के जैसे है
हमेशा मुझे तर-ओ-ताज़ा रखते है

स्मॉल सिस्टर
तेरी मुस्कुराहट और चाय,
रिश्ता रोज़ बढ़ता जाय

बिग ब्रदर
तुझे सन्मान मैं इस चाय की तरह देता हूँ,
तेरे प्यार की चुपकी मै महसूस करता हूँ

छोटा भाई
लेजा मेरे सारे बिस्कुट चाय के पहले
मुझे तो कोई भैया बुलानेवाला चाहिए

...चाय के रिश्ते

फ़ैमिली
चाय के रंग जैसा है ये रिश्ता हर रोज़ का
हर उबाल पर जायका है इलाइची का

बीवी
तू चाय न दे तो तो छोटी बात है
अगर गर्मी न दे तो बड़ी बात है

साली
बीवी जैसी है चाय तेरी मीठी
इसी लिए तुझे देख बजती है सिटी

भाभी
चाय तो तू ही मुझे रोज पीला,
छोटे कह कर प्यार से बुला

दोस्त
चाय , नुक्कड़ , ठेला और बाते,
दोस्त जिंदगी में बहोत कुछ लाते

सिस्टर की बेटी
चाय दे कर बनाए मुझे मामू ,
ऊपर से बुलाए भी मुझे मामू

पकड़

ये कब्र का रास्ता इंसान ने पकड़ा तो है,
जिंदगीभर हसरतों का रास्ता पकड़ा तो है।

उम्र के दूसरे पड़ाव में आकर बेकरार है,
गधों को अब भी दौलत ने जकड़ा तो है।

वो थी ही बेवक़ूफ़ जो समझ ना पाई कभी,
उस को भी नासमझी ने खूब जकड़ा तो है।

ऊपरवाला भी परेशान की इस का क्या करूँ,
अपना उस से बहुत पुराना लफड़ा तो है।

साक़ी थक गया सोच कर इसे कौन सी
पिलाऊ,
मैंने ये ख़ाली गिलास कब से पकड़ा तो है।

ये महोबत के कितने सबब मैं उसको सिखाऊ,
दिमाग़ में उसके जाता नहीं वो उखड़ा तो है।

ठरकी बुढाऊ

इस उम्र में भी प्यार में चोट खाते रहते है,
अब क्या करें आज भी ख्वाब सताते रहते है।

जो है जवानी तो सबूत क्या है तेरे पास,
हम आज भी उसकी गली में जाते रहते है।

हुस्न आज भी नजरे चुरा कर हमे देखते है,
लहजा इतना हम अपने बर्ताव में रखते है।

सारे पूछते है क्या रखा है इस शायरी में,
नहीं पता उन्हें , हम दिल की जबान रखते है।

पास हमारे आओगे तो डूबना आप का तै है,
हमारी आँखों के समंदर में तूफ़ान रहते है।

प्रश्नार्थ

अमृत घायल जी जो गुजराती ग़ज़ल के शिल्पकार
है और उनकी दर्द और चोट एकदम हट कर है,
उनका एक क़ाफ़िया रदीफ़ चुरा कर लिख रहा हूँ।
क़ाफ़िया है "प्रश्नार्थ है दोस्तों" उसी को थोड़ा
बदलकर लिखने की कोशिश, तवज्जो चाहूँगा...

मर क्यो नहीं ये गया यह सवाल है दोस्तों,
ज़हर तो था पक्का दिया, यह सवाल है दोस्तों।

वो जा कर छुप गए दिल के कोने में दोस्तों,
रख लू क्या किरायदार, यह सवाल है दोस्तों।

ले आया हूँ तेरे पास मै अपने सारे जख्म ,
तू नमक है या मरहम, यह सवाल है दोस्तों।

तू ये बॉलीवुड की दोस्ती की मिसाल मत दे मुझे,
असल में दोस्ती है कहाँ, यह सवाल है दोस्तों।

दुश्मनो के सामने मई अकेला ही खड़ा हो,
क्या वो थोड़े कम नहीं ? यह सवाल है दोस्तों।

सख़्त

घोट के पी गए है हम ना जाने कितनी बेवफ़ाइयो को ,
अब हम वो शक़्स है जो दर्द को ज़्यादा नहीं रखने वाले |

जो तूने कहे ही दिया है सब के सामने हमे चरित्रहीन,
अब हम ज़्यादा किसी की भी शरम नहीं रखने वाले ।

ये शीनात तुम बंद कर दो मेरे किसी भी वाक़िये के बारे,
अब कुछ भी सोचो तुम, हम फ़र्क़ नहीं रखने वाले |

मेरे पीछी इतनी मुसीबतों का जाल बुना जा चुका है लेकिन,
ऐ खुदा ये तय की हम कीसी भी साजिश से नहीं झुकने वाले |

दुश्मनों, इस बार मारना तो जरूर पीठ पीछे ही मारना ,
अगर सामने आ गए सीधे सीधे तो तुम कतई नहीं बचने वाले |

सारे मच्छर आ कर हमे ही काटने की गुस्ताखी करते है,
शायद उन्हें भी पता है की बस यही है खून रखने वाले |

इसी लिए शायद अर्जुन का साथ दिया कृष्ण ने कर्ण को मारने,
उन्हें भी पता था बहुत सख़्त होते है ये दोस्ती में जान लुटाने वाले
|

बदबू

ये कचरे की बदबू है, नाक तक तो पहुँचेगी ही,
सफ़ाई करने वाले के किसी घर तक तो पहुँचेगी ही।

ये क्या हरकत कर दी तूने पहली ही मुलाक़ात में,
बदन से लेकर अब वो ख़ून तक तो पहुँचेगी ही।

हर शक्स को लगी है भूक दौलत कमाने की यहाँ,
आदत जालिम है , ले कर मौत तक तो पहुँचेगी ही।

क़त्ल कर मेरा, तू मुफ़लिस बने बैठा है यहाँ ,
ये बेवफ़ाई की चर्चा हर नुक्कड़ तक पहुँचेगी ही।

बोलूवुड ने दोस्ती को कुछ ज़्यादा चढ़ा रखा है ,
खंजरवाली आदत है दोस्त की, पीठ तक पहुँचेगी ही।

हर पांच साल खूब दबाते हो तुम जनता को,
उठेगी जब जनता तब बटन तक पहुँचेगी ही।

साया

जब जब तुम्हें देखा बड़ा ही मजा आया,
पहले थी उस से ज़्यादा खूबसूरत तुझे पाया |

इतना घुलमिल गया हूँ मैं तुझ से आज कल,
की नहीं दिखता अब मुझे ख़ुद का साया |

दिल जावा के किसी कोड का लूप बन गया है,
तेरी आँखो का तीर कंट्रोल ब्रेक बन कर है आया |

तेरे ऐसे ही सहरा में ज़ुल्फ़ खोल कर चलने से,
रेत ने भी खुद को दिन भर ठंडा ठंडा है पाया |

फ़रिश्ते चाहते है की हम गिड़गिड़ाएँ उन की चौखट
पर,
सिर्फ़ तेरे ही दीदार ने कितनों को सुकूँ है पहुचाया |

मेरा नाम तो जुड़ गया तेरे नाम से कई सदियों से,
फेसबुक में ख़ुद को सिंगल रख कर तूने क्या पाया |

शब्द

Interesting words I received from friends as asked in last night status..words were
ज़िन्दगी,प्रारब्ध,काश, दीवाने,
हवाए,संकल्प,कशिश,मुमकिन,चेतना,हिंदी,
समेटना

ज़िन्दगी का प्रारब्ध , संकल्प से हिला सकता हूँ,
दीवाना हूँ हवाए भी पल में मॉड सकता हूँ।

काश उस की कशिश से मुमकिन होता अलग होना,
अब ख़ुद की चेतना को मैं कभी भी खो सकता हूँ।

हिंदी के साथ कई भाषा और तरीक़े इस्तेमाल किए,
अब तू ही बता तेरे दिल में कैसे जा सकता हूँ।

समेटना बखूबी आता है मुझे तजुर्बे से,
जी रहा हूँ और ख्वाब छोड़ रहा हूँ।

आदत

दिल महसूस करता है तुझे कभी उँगलियों से तो कभी आँखो से,
सुनने की और ख़ुशबू की बारी आनी बाक़ी है अब तक क़सम से।

बात हो रही है आशिक़ की तो किसानो को बीच में मत घसीटो,
वो भी तो गुज़र रहे है रोज़ रोज़ इस दुनिया में जहन्नम से।

तूने छोड़ा था अब तक वही गली में खड़ा हूँ,
अब आदत सी होने लगी है मुझे ज़ख्म से।

दौलत तो कमा ली मैंने ढेर सारी इस दुनिया में,
रिश्ते छूट गए अब पता नहीं क्या ख़रीदू इस रकम से।

कहा जाकर पढ़े गरीब ये गीता क़ुरान और बाइबल,
भूख ज़ोर ज़ोर से चिल्ला रही है हर दिन शिकम से।

मैं था आर्ट्स में फ्री टाइम मुझे बहुत मिलता था रोज़ कॉलेज में,
कैंटीन में मुझे देख उसने science की क्लास बंक की थी क़सम से

जाते जाते चंद शेर

किया नहीं कभी वो कर जाने में लिज्जत है,
रोको मत आंसू , बह जाने में लिज्जत है |
**

रिश्तों में दरार आई नहीं लाए गई है,
ये वो ख़ुदगर्ज़ी है जो दिखाई गई है |
भाई और बहन कब छूट गए पता नहीं,
हिस्सों में बटी वो गहरी खाई है |
**

हकीमों के जाने के बाद पता चला,
की दर्द से ही दवा का काम मिला |
**

वो गिना रहा था मुझे मेरे ज़ख़्म,
अव्वल नंबर पर उसी का नाम मिला |
**

तू मुझे आँचल का अंग्रेज़ी मत पूछ,
यहाँ आंसू tissue से पोछे जाते है |
**

हर वकील हमारी पैरवी करने से डरता है,
उस का रुदबा ऐसा की वो बेगुनाह लगता है।
न्यायाधीश पहेले ही से फ़ैसला करता है,
पूरा मुक़द्दमा ही हमे बेबुनियाद लगता है।
**

आँखें कान नाक ज़बान और त्वचा ऐसे पुर्ज़े क्यों लगाए हम में ख़ुदा तूने,
जब इन को चलाने वाला दिल इतना बेजान बना कर रखा है तूने।
**

मुद्दतों से तवँगर ढूँढ रहा नींद गद्दों पर ,
ग़रीब की सेज पटिए पर भी सजी है।
**

मैं सच केंदा, तूसी केंदे मैं कुफ़्र केंदा,
तू नाल मेरे तुरे तो फ़र्क़ नी जमाना की केंदा।
तेरी अक्खा विच डुबना मेनू मंज़ूर होन्दा,
की फ़र्क़ तोड़ा दिल मेनू की केंदा।
**

दिल के ज़ख़्म मैंने, अकेले ही बैठकर सीना सीखा है,
अब हर गमगुसार मुझ को पराया सा लगता है
**

जिस पे मरती है मुड़ के नहीं देखती वो,
और जिसे मारना है यार बना लेती है।
**

पाँच छे सिगरेट पी जाता हूँ जब एक बार वो मुँह बनाती है,
और कई लम्हे जी जाता हूँ जब एक बार वो मुस्कुराती है।
**

खिलाने में उसने कोई कसर नहीं छोड़ी अब तक, क़सम से,
बिरयानी हो या गम जमकर मुझे खूब खिलाती है।

**

वो नहीं तो ये महेफ़िल क्या
जाम ग़ज़ल शराब सब है
उस की मुस्कुराहट नहीं तो ये सब क्या
**

उसको यक़ी नहीं किसी बात पर, अब क्या कहे,
नुक़सान उसने ख़ुद का कुछ ज़्यादा कर लिया।
**

तुम्हें किसने कहा कि हम आते थे,
हम तो तुम्हारी गली में घुसते थे।
दीदार तुम्हारा पहले हमे होता था,
और सारे आशिक़ हमे कोसते थे।
**

हाँ मुझे ही हक़ था तुझे भगा कर ले जाने का,
किसी और बंदे में इतना कहा दम था।
तुम्हें भले ही ये खेल लगा होगा रोज़ का,
लेकिन हमारा तो ये इश्क़ का कदम था।
**

धूप में तेरा गुलाबी चेहरा मैं मिस कर गया,
ये ख़रीदे हुए ग्लेयर्स बहोत महँगे साबित हुए |

**

साँस ले कर जी रहा हूँ, पर साँस का भरोसा नहीं करता,
दुश्मनों ने इतना है सिखाया की अब दोस्ती पे भरोसा नहीं करता |

**

नाग को मफ़लर की तरह ओढ़नेवालों,
ज़हर पीने का जिगरा कहा से लाओगे |
बैरागी बन बैठे हो दुनिया के सामने,
स्मशान में रहने का हुनर कहा से लाओगे |

**

ग़ुरबत ने कई लोगो की दुनिया उजाड़ दी,
उपनिषद् कहते है कि पैसा कुछ नहीं होता |
सपने देख कर सोता है ग़रीब चुनाव के दिनों में,
पर अगले पाँच साल तक घंटा कुछ नहीं होता |

ग़ुरबत - poverty

**

सुना था वॉ देता है छप्पर फाड कर,
और फाड दी छप्पर पर दिया कुछ नहीं,
खडे है लॉग कई कतार मे उसके दर पर,
वो लेता है इंतेहा बस बाकी कुछ नहीं |

**

?

बिजली को use करके उपरवाले ने
फ़्लैश की तरह अँधेरे में
तेरे हुस्न के फोटो निकाले है।
**

बाबा बुड्ढा निगल जाएगा सब, अंगूठा मत दिखा,
शराब चीज़ बहुत छोटी है , ज़ख़्म की दवा कोई नई दिखा
।
**

दो चार बोसे मैंने ऐसे उछाल दीए थे हवा में,
रिटर्न में उसकी मुस्कान आए तो भी बहुत है।
**

मेरा शौक़-ए-खाना-ख़राब बना ही नहीं है मंझिल ढूँढने के
लिए,
हम तो सिर्फ़ चलते है , कुछ मिले ना मिले ,
पाना है किस के लिए?
**

अकेले रहनेवाले रईस की मौत के बाद,
बीस वारसदार जमा हो गए बीस मिनट बाद।
**

फ़र्क़ ज़्यादा नहीं है मुझ में और तुझमें ज़ाहिद,
तुने ज़िंदगी देखी है और मैने जी है उसे।
**

फ़रिश्ते बने फिरने में एक दिक़्क़त तो है,
वो डरते रहते है की मेरे जैसा इंसान ना मिल जाए,
इन के कपड़ों में भी दौलत की बू आती है मुझे,
मजाल है कि ये लोग मेरे हुज़रे में आ जाएँ |
**

बीनाई तेरी, और मैं
शय और कोई नहीं
बीनाई – ability to see, vision, eyesight
शय – to desire, item, object
**

बहुत से लोगो का अलग अलग ख़ुदा पर मक़बूलियत का दावा है,
उसने भी ऊपर बैठकर अपने होने की क्या फैलाई हवा है |

मक़बूलियत – skill, ability, like some god in some place fulfils particular desire
**

पहली सफ़ जहां जहां भी होगी सरहदों पर
चूमो उस मिट्टी को जो अन्दर लाल लाल है
**

दोनों बैठे अंदर, तू बाहर क्या दशरा मनाएगा,
पहले ये सोच तू कब और किसको मारेगा
**

जफ़ाओ क़ी आदत उन्होंने बदली नहीं है,
और हमने भी वफ़ा की क़सम खाई है।
रफ़ू कर कर के ज़ख़्म सिए है तनहाइ मे,
तब जाकर ये शक्सियत हमने पाई है।
**

तबले की खनक अब पहले जैसी ना रहेगी,
उँगलियों की बिजली फिर तबले पर ना गिरेगी।
For Zakir Bhai
**

हकीमों से कहो कोई नई दवा ले आए,
मेरे पास तो नये नये ज़ख्मों की भरमार है,
पत्थर खा कर मर गए वो मजनू कमजोर थे,
मेरे पास प्रतिकार के लिए भाले हज़ार है।
**

करा रहे है मकान ख़ाली मंदिर बनाने के लिए,
यह माक़ि लोग मार कर ईश्वर को जिन्दा रखते है।

माक़ि – the one who stays in house or apartment
**

एक प्याले को मेरा व्यसन लगा है,
शाम ढलते जो बुलाता है मुझे,
तू भी कहा रह पाती है मुझे देखे बिना,
आँखो ने तेरी रोज़ पुकारा है मुझे |
**

प्रत्यंचा पे बान चढ़ाने का हुनर मैं भी खूब जानता था,
पर उस के साथ थे हरि और मेरे साथ दोस्ती का रिश्ता था।
छन्नी कर चुका होता मैं कब का उस की छाती अपने बाण से,
पर उसके साथ खड़ा था क्षत्रिय कुल और मैं सूत पुत्र था।

शायद यही होते कर्ण के आखरी शब्द
**

तेरे कानों के झुमके तेरे गालो से टकराकर,
आज कल ख़ुद को रोज़ गोल्ड कह रहे है।
**

फ़ुरक़त है उसकी इसी लिए मय का सहारा है ,
यही तसव्वुर का आलम अब हमारा है |
फ़ुरक़त absence
तसव्वुर fantasy
**

हॉली एक बहाना है उन्हें पहचानने का ,
ज़र्रे ज़र्रे में कायनात नें रंग बिछाए रखे है ,
**

?

दुनिया में कई बच्चे वक़्त से पहले ही बड़े हो जाते है ,
ऐसे ही ज़िंदगी के सबक़ उनके ज़हन में गड़े जाते है |
**

Little late but..2nd April was world Autism Day where would claims to be aware and with empathy but reality is something else. That is conveyed here

हम अलग है ये बात हमे पता ही नहीं है,
तुम हम से दूर भाग कर हमे ये जताते हो ।
**

सिक्के की तरह उछाल के परखो
दोनों तरफ़ प्यार एक ही है ,
उड़ गया तेरा आँचल तो क्या हुआ ,
बंदे के इरादे तो नेक ही है ।
**

झौंक-ए-तलब, वजह-ए-जुनूँ कहाँ से लाए हम,
इनका अब मुस्तक्बिल कुछ रहा ही नहीं ,
गूँचो से भी शबनम अब कतराने लगी है,
ख़ुशबू का हवाओं से वास्ता रहा ही नहीं ।
**

मैंने उस की चौखट से गुजरकर बड़ी गलती कर दी आज,
मुझे उस की बेवफ़ाई याद आई और उसे मेरी बेवक़ूफ़ी।
**

For Chandrayaan

चाँद पर जाकर दुनिया को तो सिर्फ़ दिखाना है,
आफ़ताब के भी आगे हिंदुस्तान का आशियाना है।
**

बादल को आदत है धीरे धीरे चाँद को ढकने की,
उसे देख कर मुझे तेरे आँचल पे ग़ुस्सा अता है।
**

ये जो शराफ़त का नक़ाब तुम ओढ़े हुए हो,
ना जाने क्या सोच कर यूँ इतरा रहे हो,
लगता था तुम्हें मैं मर जाऊँगा तुम्हारे बिना,
बंदा फिर भी दिल फ़ेक है, और तुम पछता रहे हो।
**

एक और पाप कर सकता हूँ ख़ुदा
कोई नई सजा आई हो तो बताओ,
मामला पेचीदा है तेरे मेरे बीचमे
**

उज्जैन किस्सा हुआ.....

कई मकान भरे पडे है मुर्दो से ,
मासुम की दस्तक कौन सुनेगा,
एक रील से दुसरे रील मे जाते,
तमाशाई को इसमे भी तमाशा दिखेगा |
**

तेरी गली में कदम रखना शायद मुमकिन ना हो,
पर जियेंगे ऐसे की कभी कोई आस तो हो |
**

तेरे साथ इश्क़ इतना आसान ना था,
उस से तो मर जाना ज़्यादा आसान था,
इल्ज़ाम दिये तूने इतने मुझे इश्क़ में
चर्चे है वहाँ फ़लक जहाँ जहाँ था
**

दोस्तों में लग गई आग जब उसने डीपी पे लगाया मुझे,
सारा ऑनलाइन प्यारउसने दिखाया है मुझे |
जरा सी मुमकिन कोशिश क्या कर ली मैंने ,
अपने बोसे से बहेतरीन उसने रिझाया है मुझे |
**

उसे लगा मैं उसकी ज़िंदगी का ज़हर हूँ,
जो भी करूँ बन जाता एक क़हर हूँ ।
ये अलग बात है की उसे कुछ पता नहीं,
लेकिन सब जानते है मैं इश्क़ की सहर हूँ ।

**

उसे लगने लगा है कि उस के हुस्न का तलबगार हूँ मैं,
और गलियों में चर्चे है की बड़ा खानाबदोश हूँ मैं,
वो नहीं जानती की हाल-ए-दिल का सफ़र मैंने कितना काटा,
अब एक के पीछे रहूँ इतना बेवकूफ कहा रहा हूँ मैं ।

**

ज़ोर उसका चल रहा है अभी भी मेरे इरादों पर,
ऊपर से यक़ीन नहीं है उसे अभी भी मेरे वादों पर,
जरा सी तो गुफ़्तगू हो जाती मिलकर अकेले में,
मैकदे में अब यक़ीन नहीं रहा साक़ी को रिंदों पर ।

रिंद - wanderer in the bar

**

मोटी मोटी किताबें दी वाइज़ो नें,
पर लौंडा अभी भी सड़को पर है,
इंतज़ार है उस के खिड़की पर आने का,
ये क़िस्सा कहाँ किसी पन्नो पर है ।

**

यहाँ यारों की क्या खूब चलती है,
ना जाने कितनी शाम सुराओं में ढलती है,
सब को लगतासाक़ी बाँट रहा है,
लेकिन ये दुकान दोस्तो से चलती है।
**

तेरी ज़िद और मेरी ख़ुद्दारी अजीब रिश्ता है,
जो हमारे रिश्ते को बखूबी रोज़ खाता है,
मगरूरी से बहोत तूने अपनी आँखें उठाई,
ये नहीं चीरेगी दिल को, अपन जानता है।
**

शमशीर-ए-बरहना उसका बात करने का अन्दाज़ है,
पहेले सिर्फ़ आँखें मारती थी, अब उस मे जुबा का भी इज़ाफ़ा है

शमशीर-ए-बरहना - words as sharp as sword
**

ये साल चला ,गया उसके बाद क्या?
अगला आयेगा उस के बाद क्या?
ये 'बाद' लब्ज हमेशा बादमें आता है,
बाद का बाद में , सोचो अब का क्या?
**

शौक़-ए-कमाल को डर है ख़ौफ-ए-जवाल का,
उसके हाथों में बहुत बड़ा फ़ैसला है दिया मैंने |

शौक़-ए-कमाल – fullness, पूर्णता, उत्कृष्टता या सर्वोच्चता
ख़ौफ-ए-जवाल – fear of decline or downfall

**

रहने दे साकी अब ज्यादा मत पीला,
अब दोस्त कहा रहे जो बिल भर जाएं,
अगर है तोडना तो इतना हिसाब मत लगा,
ऐसा न हो कही, लिखते लिखते मेरी वही भर जाए।

**

आँखों से ऐनक उस ने उतारी,
दो हिरनियां आज़ाद हो गई।

**

सखी को बचाने भेजा हुआ कपडा थोड़ा यहाँ भी भेज देता तू,
यहाँ कई वहशी दरिंदे रोज दुश्यासन बन कर घूम रहे है।

**

बहुत कुछ लिखा जा चूका है मुझ पर अब नया क्या सुनाए,
मंदिर से ज्यादा मैकदे में है लोग है गिड़गिड़ाए ,
बदनाम सी हो के रहूंगी मैं हमेशा इस दुनिया में,
पर मुझे इस्तेमाल कर के यहाँ कईयो ने नाम कमाए |

**

हाइकु (५-७-५)

ये मरासिम
दिल से जुदा क्यों है
फ़ोन ले गया
**

रोमांस ख़त्म
जिंदगी भी ख़त्म है
खाक जी रहे
**

महबूब है
बारिश भी गिरी है
वो नहीं पास
**

याद तेरी काफ़ी आ रही है, क्या बात है
शायद तुझे भी आ रही है क्या बात है
थी ख़ुश्बू घर में हर जगह फूलो की,
बाहर है कोई टहनी ज़ख़्मी , क्या बात है।
**

दानाई तुम पास रखो,
मुझ को पागल रहने दो,
ये खुदाई तुम को मुबारक,
हम को इश्क़ में रहने दो।
**

सुलगते घर को किराए पे रखने की है आदत हमारी,
समझो की हर रिस्ते को निभाने की है आदत हमारी।
तुम दौड़ाते रहते हो कई आशिकों को अपने इर्दगिर्द,
हुस्न के पीछे दौड़ना कभी नहीं है आदत हमारी।
ये मारा तुमने तमाचा मेरे पागल से इश्क़ को,
जख्म खाने की क्यो कमबख़्त है आदत हमारी
**

कुछ सवाल हम भी कर लेते अगर तुम सुन पाते,
ये जरूरी नहीं की जो तूने कहा वो सब सच हो।
**

तकसीम आ गई है यहाँ हर घर में
चिराग है परेशान की रोशनी कहा फेकू

तक़सीम means batvara, partition
**

शायर है और बदतमीज़ भी, सफे तो तिरछी ही होगी,
आशिक़ी आदत है हमारी, उम्र थोड़ी ना देखती होगी।

सफे - line, रेखा
**

मूढ़ बन गुरु गुरु करे,
अंदर वासना भरी फिरे,
जो गुरु है भीतर बसो सो,
काहे जग भिकारी बन फिरे,
**

बहुत सारे चूतिए,
जिंदगी में कमाए।
छोटे से दिल में मेरे,
सब को हूँ मैं घुसाए।
**

अब तू आईने से ही काम चला ले हर बार,
तारीफ़ वाली आँखो को तूने पीठ जो दिखाई है।
**

२

अफ़सोस करें तो किस बात का , कितने वाक़िये है,
मोहब्बत तिजारत हसरत ग़नीमत कितने वाक़िये है ।
**

Appraisal promotion and hike time for corporates...

नज़दीक तो दिखती है लेकिन कभी तू मिल नहीं पाती,
ये कैसी तेरी बेवफ़ाई, इतने साल हो गए पर नहीं जाती ।
**

एक प्याले को लगा है मेरा व्यसन,
शाम पड़ते ही मुझे बुलाता है,
तेरी बेवक़ूफ़ी मैंने बहुत देख ली है,
अब तेरा सयानापन ही मुझे रुलाता है ।
**

दिल में मेरे ज़हर मत भर आँखो में साप मत पाल,
बिछाया ऐसे की मर जाऊ ऐसा जाल मत डाल |
**

कल १९ नवम्बर को अन्तरराष्ट्रिय पुरुष दिवस था और उसी दिन विश्व शौचालय दिन भी था ।पुरुष जाती का इस से ज़्यादा अपमान संभव नहीं ।

आज दिन है तुम्हारे नाम लेकिन किसी को पता नहीं ,
सम्मेलन तो पैखाने का है, तुम जलसा फिर कभी मनाओ ।
**

कोई कुड़ी नाल ना तुरे, छड़ेयाँन जूँन बुरी,
करो तुस्सी बिस्मिल्ला हो साड़ी तमन्ना पूरी
**

मिला है हुस्न तो हिफ़ाज़त जरूरी है,
इन वहशियों से बचना जरूरी है,
मैं तो आगे पीछे घूमता ही रहूँगा,
पर मुझ से भी बचना जरूरी है ।
**

सरगर्मी-ए-रुक्सार तेरा कम ना हुआ ,
मुझ से मिलने का असर तुझ पे कम ना हुआ ।

सरगर्मी-ए-रुक्सार - excitement, zeal , passion
**

मै-परस्त उसकी आंखे
औज़ार कितने नज़र में,
चिलमन ओढ़ा रुक्सार पर,
आफताब कैद हो चूका उस में |
**

सुना है तुम लेते हो हर बात का बदला
आज़माएँगे कभी तुम्हारे होठों को चूम कर
**

रसगुल्ला बना ही इसलिए है की,
पूनम के चाँद की मिठास तू महेसूस कर सके |
**

केसरिया लिबास, केसरिया अफताब,
उपर से केसरिया तेरा चेहरा,
जुल्फे भी क्या छाई है,
दे रही है तेरे रूप को पहरा।
**

वाबस्ता है वो मुझ से पर उसे पता नहीं अब तक,
वो मेरी खताओ की दास्तान में उलझी है अब तक |

वाबस्ता means attached
**

उस की आँखों ने मुझे मारा कहाँ,
वो तो दिल पर मीनाकारी कर गई,
झुकी तो शाम उठी तो सुबह,
क़ुदरत के बीच वो अदाकारी कर गई

मीनाकारी means design
**

रंग ही रंग और किताबे ही किताबे है,
होली का दिन पर दिल्ली वाले गूजिएँ नहीं है।
खिला दे कोई तो मजा आ जाए
**

शराब और शबाब की नहीं मोहताज शायरी मेरी
ले दे कर इन में कुछ आंसू है कुछ आहें
सुनना चाहे तू इसको काहे
**

लब्ज़ ढूँढना इतनी रात में मुमकिन ना होता,
अगर तसव्वुर में तेरा छम से आना ना होता ,
कैसी तेरी आदत है मुझ से सबूत मांगने की,
अगर मैं वकील ना होता तो पक्का मुजरिम होता।
**

तुझे चाँद के बहाने देखू ऐसी बेवक़ूफ़ी मैं नहीं कर सकता,
तेरी छत पर आने से मुझे अब कोई रोक नहीं सकता |
**

कोई दोस्त दारू पीना छोड़ देता है तो
मुझे डर सा लगता है
पहेले से ही कम दोस्त है
अब ये भी गया ऐसा लगता है
**

जां-सौज को जलने का मजा बहुत आता है,
इश्क़ चीज़ ही ऐसी बनी है इस दुनिया में

जां-सौज means अपनी जान को जलाने
वाला, संताप सहनेवाला
**

www.ingramcontent.com/pod-product-compliance
Lightning Source LLC
LaVergne TN
LVHW100328210926
848480LV00003B/1288

* 9 7 9 8 9 0 4 3 1 6 0 5 1 *